AF330634

VIE

DE

Louise DESCHAMPS

PROPOSÉE AUX

ENFANTS & AUX JEUNES PERSONNES

Appliquez-vous à la lecture.

Paroles de saint Paul.

Prenez et lisez.

Paroles qui ont commencé la conversion de S. Augustin.

Les lectures, selon qu'elles sont bonnes, ou dangereuses, ou mauvaises, contribuent considérablement au salut ou à la perte des âmes.

PRIX : 25 Cent. — 20 Fr. le Cent.

PARIS

E. et A. LESORT,   Aug. GHIO,
libraires 3, rue de Grenelle   libraire au Palais-Roya

.... E. Libraire,   Mlle RENAUDIÈRE,
Malesherbes,   Libraire, Place de la
43.   Madeleine, n° 22

1876

VIE

DE

DESCHAMPS

LOUISE

PROPOSÉE AUX

ENFANTS & AUX JEUNES PERSONNES

Appliquez-vous à la lecture.

Paroles de saint Paul.

Prenez et lisez.

Paroles qui ont commencé la conversion
de S. Augustin.

Les lectures, selon qu'elles sont bonnes,
ou dangereuses, ou mauvaises, contribuent considérablement au salut ou
à la perte des âmes.

PRIX : 25 Cent. — 20 Fr. le Cent.

PROPRIÉTÉ ; TOUS DROITS RÉSERVÉS

PARIS

E. et A. LESORT,
libraires 3, rue de Grenelle

J. BAZIRE, Libraire,
Boulevard Malesherbes,
n° 43.

Aug. GHIO,
libraire au Palais-Royal.

Mlle RENAUDIÈRE,
Libraire, Place de la
Madeleine, n° 22

1876

LISTE DE QUELQUES OUVRAGES RECOMMANDÉS
A LA JEUNESSE

TRAITÉ DE LA LECTURE, par D. JAMIN.

FRUIT DE MES LECTURES, par le même.

INSTRUCTION SUR LA MANIÈRE DE BIEN ÉTUDIER, par GOBINET

TRAITÉ DES PREMIÈRES VÉRITÉS.

LES CONTES DU CHANOINE SCHMID.

PICCIOLA, par B.-X. SAINTINE.

FABIOLA, par WISEMAN.

LE GRAND JOUR APPROCHE, par Mgr GAUME.

LE SEIGNEUR EST MON PARTAGE, par le même.

MANUEL DE LA PREMIÈRE COMMUNION.

ALBERTINE OU LA CONNAISSANCE DE JÉSUS-CHRIST.

LA VERTU PARÉE DE TOUS SES CHARMES.

MIROIR DES VIERGES CHRÉTIENNES.

LE PARADIS DES AMES PIEUSES.

LA SAINTE COMMUNION C'EST MA VIE.

LE PENSEZ-Y BIEN

LE COMBAT SPIRITUEL.

AVANT-PROPOS

Par son approbation datée du 16 juillet 1820, Mgr M. J. Ph. Du Bourg, évêque de Limoges, dit que la *Vie de Louise Deschamps* pourra être utile aux personnes de tous les états, comme dans toutes les situations, et, par la sienne datée du 12 décembre suivant, Mgr Daviau-Dubois de Sanzay, archevêque de Bordeaux, ajoute que cette vie pourra être fort utile à la jeunesse des différentes classes de la Société, ainsi qu'aux parents.

Une troisième approbation épiscopale est celle de Mgr Jauffret, évêque de Metz ; il dit que ce livre doit intéresser toutes les familles chrétiennes, et qu'il le met au nombre des bons ouvrages qu'il désire être connus partout.

Enfin, M. Courbon, vicaire-général du diocèse de Lyon, dans son approbation du 20 août 1822, recommande à MM. les Curés, aux Mères de famille et aux Institutrices de la mettre entre les mains des Fidèles, des Enfants, des Élèves, et ajoute qu'il ne sera jamais assez lu ni assez répandu.

La lecture de ces *Vies édifiantes* de personnes

qui se sont sanctifiées dans le monde convient à ceux et à celles qui y vivent, plus encore peut-être que la lecture des vies de saints et de saintes, parce qu'elle est plus pratique, en ce qu'elle leur présente des modèles plus imitables.

Sous ce point de vue, on ne saurait trop encourager les zélateurs et les zélatrices de l'œuvre par excellence du salut des âmes à répandre de petites brochures de ce genre : c'est exercer une sorte d'apostolat très-méritoire. On comprendra par là que beaucoup de personnes en achètent pour les répandre gratuitement dans les écoles, dans les ateliers, et à bas prix dans les familles aisées : elles trouveront au ciel leur part de récompense de tout le bien qui en sera résulté.

Désirant continuer des Publications de ce genre, nous prions instamment les personnes pieuses de vouloir bien adresser aux libraires ci-dessus désignés, tous les matériaux et toutes les notes qui pourraient servir à ce projet si utile.

L'Abbé A. M.

VIE DE LOUISE DESCHAMPS

A MA SŒUR

Ma chère Julia,

Pour satisfaire ton désir et celui de tes amies, qui, comme toi, voudraient des abrégés de vies édifiantes à donner en cadeau dans les écoles, les ateliers, et à bas prix dans les familles aisées, je t'envoie celui que je viens de faire de la *Vie de Louise Deschamps*, avant son mariage, vie que des évêques ont déclarée convenir à toutes les classes, même les plus élevées, de la société.

On la trouve si propre à leur faire du bien, sous le point de vue moral et religieux, que depuis plus de cent ans les libraires catholiques ne cessent de la faire réimprimer.

En effet, on ne saurait trop répandre ces vies édifiantes, surtout les abrégés; la raison en est que leur lecture est encore plus utile dans le monde que celle de la *Vie des Saints*.

Je dis *surtout les abrégés*, parce qu'on se décide plus volontiers, particulièrement les jeunes personnes, à lire une vie réduite à 56 pages in-16, plutôt que celles qui vont jusqu'à plusieurs centaines de pages, d'autant plus que, dans ce dernier cas, il y a toujours plus ou moins de longueurs qui les intéressent peu, si même souvent elles ne les ennuient pas et ne les décident pas, soit à laisser là le livre, soit du moins à sauter pardessus ces passages.

Ce sont des récits, plutôt que des descriptions et des réflexions, que veut la jeunesse, encore plus l'enfance : quant aux observations et autres passages d'un genre sérieux, ils doivent être courts et clairsemés.

Louise Deschamps naquit le 25 août 1682, à Ormoy, petit village du diocèse de Versailles. Ses parents, Mathurin et Catherine, vivaient des produits d'une petite ferme qu'ils faisaient valoir eux-mêmes.

Il est d'usage, dans la plupart des familles, de donner pour prénom à un enfant celui du saint dont c'est la fête le jour où il est né. Elle fut donc appelée Louise, parce qu'elle était née le jour de la fête de saint Louis, roi de France.

Cette circonstance rend plus solennel un autre usage qui consiste : 1° à célébrer l'anniversaire de la naissance des parents et amis ; 2° à leur souhaiter une bonne fête. Ce pieux usage est aussi utile que touchant : dans les compliments qui leur sont faits on ne manque pas de donner place à un abrégé de la vie du saint patron ou de la sainte patronne, et d'établir un ingénieux rapprochement entre leurs vertus, leurs bonnes œuvres et celles des personnes fêtées.

Dans leur sainte impatience de soustraire leur enfant à la domination de l'auteur du péché, et de la consacrer à Dieu, les parents de Louise se hâtèrent de la faire baptiser dès le lendemain de sa naissance. Ils avaient eu soin de lui choisir pour parrain un de leurs neveux, Louis Bastien, âgé de vingt-quatre ans, déjà estimé de tout le village, et pour marraine Geneviève, âgée de quinze ans, et jouissant déjà d'une grande réputation de piété et de sagesse.

Il y a des parents qui tardent à faire baptiser leurs enfants, et prétendent excuser cette coupable négligence en disant, les uns, qu'il est dangereux d'exposer les enfants au grand air dès le lendemain de leur naissance, les autres, que les parrains et marraines se font attendre.

Il est aisé de prévenir le premier inconvénient ; quant au second, il vient presque toujours ou de ce que les parrains et marraines n'ont pas été choisis assez tôt, ou de ce que les parents tardent à les faire venir.

A l'âge d'environ trois ans, la petite Louise faillit être victime de deux imprudences de sa mère.

Un jour, celle-ci, obligée de sortir, pensa qu'il n'y avait pas d'inconvénient à laisser dans un coin son enfant attachée à un clou par les lisières de sa robe ; mais, en sortant, elle ne prit pas la précaution de bien fermer la porte, et l'un des animaux de la basse-cour, l'ayant poussée avec effort, s'avança sur l'enfant, dont il commençait à déchirer la robe. Son parrain, qui demeurait presque en face, accourut à ces cris, la sauva d'une mort horrible, et adressa de vives remontrances à Catherine, qui se promit bien d'être plus circonspecte à l'avenir.

En effet, elle ne sortait plus sans avoir confié sa fille à la garde d'une voisine. Toutefois, deux mois après, appelée par une affaire pressée, elle la laissa encore seule ; mais elle ferma bien la porte et se hâta de rentrer. Il était temps ; quelques minutes plus tard, son enfant était asphyxiée ; il y avait dans le foyer des morceaux de bois qui, n'étant pas complétement éteints, s'étaient rallumés ; une étincelle avait sauté sur la robe de la petite, et celle-ci était déjà suffoquée par la fumée lorsque sa mère ouvrit la porte. La flamme, trouvant une issue, éclate, s'élance, et la chambre paraît tout en feu : Catherine pousse un cri déchirant et tombe évanouie. Les voisins accourent, on l'emporte ; Bastien se précipite à travers les flammes, et sauve Louise expirante, mais heureusement non atteinte par le feu. Que de parents ont des négligences de cette nature, et d'autres encore, à se reprocher, et que d'enfants en sont les victimes !

Dès les premières lueurs de sa raison, ses parents s'appliquèrent à la diriger vers la piété chrétienne, ensuite à la faire instruire des vérités de la religion, regardant une bonne éducation comme le bien le plus précieux qu'ils pussent lui laisser. Ensuite ils la mirent à l'école : ils évitaient, autant qu'il leur était possible, de lui donner des commissions à faire, dans la crainte de l'exposer à manquer une partie de la classe, ou de la dissiper ou enfin d'augmenter en elle le dégoût que les premières études inspirent toujours aux enfants. Ils payaient exactement ses mois d'école ; plus ils étaient pauvres, plus ils redoutaient de faire des dettes. Son père mettait de côté, pour cela, chaque dimanche, le quart de ce qu'il avait gagné dans la semaine. Grâce aux principes religieux qu'elle avait eu le bonheur de recevoir, et au soin qu'on avait eu de la préserver de tout ce qui aurait pu les affaiblir en elle, Louise répondit si bien à ce dévouement paternel, par sa bonté, sa patience, sa douceur, sa modestie, son exactitude aux classes et à tous ses devoirs, le bon emploi du temps, le silence en classe et à l'église, son obéissance, sa sagesse, la fuite des dissipations et son application à l'étude, qu'à l'âge de dix ans elle était déjà proposée pour modèle aux autres élèves. Sa mère, qui voulait avant tout en faire une bonne chrétienne, la remettait tous les dimanches entre les mains de Geneviève, sa marraine, qui la conduisait au catéchisme, et, aussitôt après les vêpres, la ramenait à la maison.

Le choix d'un bon parrain et d'une bonne marraine est d'une grande importance : ne doutons pas qu'un grand nombre d'âmes lui doivent leur salut, plus encore, peut-être, qu'à leurs parents. Combien donc sont coupables ceux qui ne mettent dans ce choix aucun discernement sous le point de vue religieux, et qui vont jusqu'à choisir des enfants ! Et, de leur côté, quelle responsabilité assument sur leur tête, devant Dieu, les parrains et marraines qui ne remplissent pas, ou pas assez, leurs devoirs envers leurs filleuls !

Déjà, dès que Louise eut commencé sa troisième année, Geneviève s'acquittait envers elle des devoirs d'une marraine consciencieuse, en lui inspirant, conjointement avec sa mère, la piété la plus tendre, et s'appliquant avec soin à lui servir de modèle en tout.

Nous insérons ici une prière qu'on fait réciter, debout ou assis, aux enfants, pendant qu'ils s'habillent ou qu'on les habille, qu'ils ne tardent pas à savoir de mémoire, et qu'ils continuent de réciter en s'habillant, moment qu'on perd presque toujours à ne penser à rien, même les personnes qui disent qu'elles n'ont pas le temps de rendre aucun devoir à Dieu en commençant la journée.

Beaucoup de personnes pensent qu'après la grâce de Dieu, c'est à une si importante pratique qu'elles doivent leur persévérance ou leur retour au bien.

Après avoir dit en s'éveillant : « Mon Dieu, je vous donne mon cœur ; daignez me bénir », ce qu'elles disent en faisant le signe de la croix avec de l'eau bénite, elles font la prière suivante en s'habillant :

« Mon Dieu, en commençant cette nouvelle journée, dont nous vous sommes redevables, je m'empresse de vous rendre mes devoirs en union avec J.-C. et toute la Cour céleste : je vous adore comme notre souverain maître ; je m'offre à vous de nouveau et sans réserve ; je vous remercie de tant de bienfaits dont vous ne cessez de combler la grande famille humaine ; je vous supplie de nous pardonner tant d'offenses par lesquelles nous avons répondu à vos bontés ; enfin, je vous conjure de nous donner toutes les grâces dont nous avons besoin pour vous servir comme vous l'attendez de chacun d'entre nous, spécialement pour cette journée, dont nous vous offrons les pensées, les paroles, les actions et les peines en expiation de nos fautes, et en augmentation de mérites à vos yeux, désirant qu'elles soient pour votre plus grande gloire.

« Cœurs sacrés de Jésus, de Marie et de Joseph, soyez notre sauvegarde, à la vie et à la mort. Nous vous recommandons aussi nos parents, amis et bienfaiteurs, vivants et morts ; nous avons l'intention de gagner, pour eux comme pour nous, toutes les indulgences dont nous pouvons être capables.

« Nos saints Anges gardiens, saints patrons et patronnes de ce pays , de cette paroisse et de chacun d'entre nous, saints et saintes dont c'est aujourd'hui la fête, protégez-nous ; obtenez aux pécheurs la grâce de leur conversion , à tous celle de la persévérance, celle de ne pas vivre avec une fausse conscience et dans une fausse paix, enfin la grâce d'une bonne mort.

» Bénissez-nous ✝ au nom du Père, du Fils et du Saint-Esprit. »

Malgré tous nos efforts et la grâce de Dieu, nous pouvons nous écarter de la bonne voie ; mais ce qui désespère les esprits tentateurs c'est notre persistance à y rentrer. De son côté, le monde est injuste en prétendant que nous devons être impeccables, et en s'autorisant de nos écarts momentanés pour persévérer dans les siens, surtout lorsque c'est lui qui a causé les nôtres.

Un jour Geneviève eut le chagrin d'être sur le point de perdre sa filleule, pour l'avoir laissée seule à l'église pendant quelques minutes, en lui recommandant bien de l'attendre là, de faire quelques prières, d'être bien sage, et de ne parler à personne, parce que dans l'église il faut garder un silence respectueux. Au lieu de la laisser seule, elle eut dû la mener avec elle dans la sacristie, où elle avait affaire. Une de ses voisines, nommée Gabrielle, qui, bien qu'âgée de quatorze ans, n'avait pas encore fait sa première communion, ayant toujours été refusée à cause de son étourderie, profita du moment où Louise était seule pour lui dire et la presser de sortir un peu s'amuser quelques instants à la porte de l'église, en l'assurant qu'elle serait de retour à sa place avant Geneviève. Afin de vaincre les résistances réitérées de Louise, Gabrielle lui fit des instances si pressantes, qu'elle se laissa entraîner, comme malgré elle.

Dans le mal comme dans le bien, le premier pas coûte toujours à faire ; mais, une fois qu'on l'a fait, on va plus loin, bien plus loin qu'on s'y attendait.

A peine sortie de l'église, elle eut peur du retour de Geneviève autant qu'auparavant elle le désirait : elle se trouva avec d'autres jeunes filles; Gabrielle les décida à se rendre aux Petits-Prés, où l'on serait plus à l'aise pour courir et s'amuser : toutes applaudirent à cette imprudente proposition, et Louise se laissa encore entraîner.

Une des principales causes des fautes que l'on commet est la faiblesse, le défaut de caractère et de fermeté. Ensuite.

> Dans le mal il suffit qu'une fois on débute :
> Une chute toujours attire une autre chute.
>
> (*Boileau.*)

Voilà nos jeunes étourdies qui se lancent ; elles s'écartent jusqu'à un quart de lieue ; elles se trouvent dans une prairie émaillée de fleurs et traversée par un large ruisseau. Sauter, danser, courir les unes après les autres, que de plaisirs qui se succèdent! Les quarts d'heure ne leur semblent que des minutes ; on s'amuse à cueillir les plus belles fleurs; Louise court en prendre une qu'elle remarque entre toutes les autres: Gabrielle s'écrie : C'est moi qui l'aurai! Elles y courent toutes deux et y portent la main ; Louise, plus adroite, réussit à la cueillir ; mais Gabrielle, plus forte, la repousse avec violence. C'était au bord du ruisseau ; Louise y tomba et se trouva entraînée par le courant. Heureusement, ses cris et ceux de ses compagnes attirent l'attention d'un passant ; il se trouve que c'est encore Bastien. Il se jette à l'eau, parvient à l'en retirer au moment où elle venait de perdre connaissance, et la porte chez elle, où elle fut retenue par quinze jours de maladie.

Geneviève, éperdue d'inquiétude, l'avait cherchée dans les environs du côté opposé ; si elle n'avait point été jusques dans ces prés, c'est que l'idée n'avait pu lui venir qu'une enfant qui avait toujours été si sage et si docile se fût permis une pareille escapade. On lui fit alors renouveler toutes les promesses qu'elle avait déjà faites d'être désormais irrépréhensible en tout, et cette fois elle tint parole : jusqu'à sa première communion on n'eut plus d'observation à lui faire. On remarquait seulement en elle un peu d'amour-propre ; mais ce défaut pouvait jusqu'à un certain point paraître excusable, vu qu'elle était la meilleure élève du catéchisme comme de l'école, et qu'elle ne méritait jamais aucune punition. Elle écoutait les explications avec une attention soutenue, prenait des notes, excellente pratique, repassait le tout dans son esprit, et se trouvait toujours prête à bien répondre. De son côté, le curé ne cessait de répéter aux enfants que l'humilité et la modestie sont indispensables, et Louise prenait sa part de cette observation.

Un jour plusieurs filles du catéchisme allèrent danser à Saclas, bourg voisin d'Ormoy, malgré ce que le curé avait dit à ce sujet ; on se doute bien qu'à leur tête était cette Gabrielle dont nous avons déjà parlé. Le dimanche suivant, il l'interrogea sur ce qu'il avait dit : elle rougit et garda le silence ; les autres se mirent à rire, Louise aussi : le curé, faisant semblant de ne point s'en apercevoir, adressa la même demande à cette dernière, qui répondit aussitôt : M. le curé, vous nous avez dit qu'une jeune fille qui veut rester vertueuse ne doit pas aller dans les danses, qu'on n'apprend rien de bon dans ces assemblées profanes et scandaleuses, qu'on n'en sort guère qu'avec le cœur rempli de mauvais désirs, qu'on y prend le goût de la dissipation et le dégoût de la religion, qu'on s'y apprivoise avec la vanité et la coquetterie, avec les vilains propos, les mauvais discours et les mauvais exemples.

C'est fort bien, dit le curé.

Louise alors, toute joyeuse d'avoir si bien répondu et de n'avoir pas été danser, promène sur Gabrielle un regard de triomphe qui semble lui dire : Je ne fais pas comme toi, moi, et je mets à profit les leçons du catéchisme. A cette vue, le curé ajoute : Oui, sans doute, c'est bien ; mais ce serait encore mieux d'y joindre la vertu d'humilité. Louise pleura cette faute pendant tout le catéchisme. Après les vêpres, sa marraine lui fit sentir que M. le curé ne lui avait ainsi parlé que pour son bien. Ensuite elles allèrent le trouver, et Louise lui demanda pardon à genoux, les yeux gros de larmes. Dès lors elle fut plus encore qu'auparavant un modèle d'humilité, de charité, de modestie, de recueillement et d'édification. C'était surtout pendant les saints offices qu'on était frappé de la tendre piété dont son cœur était pénétré.

Tout les mois elle priait sa marraine de la mener à confesse, et ses parents remarquaient qu'après chaque confession elle devenait encore meilleure, que ses fautes devenaient plus rares et plus légères. Lorsqu'elle eut onze ans, on la voyait si sage, qu'on pria le zélé pasteur de l'admettre à la première communion : mais il exigea qu'on l'éprouvât une année de plus : il trouvait qu'elle avait encore de la légèreté et de la vanité, et il voulait lui faire sentir profondément la dignité, l'importance de cette grande action, de laquelle dépend ordinairement le reste de la vie. Elle se soumit avec une humble résignation.

Ils sont bien coupables les parents qui prétendent exercer une sorte de pression sur le prêtre afin d'en extorquer des admissions à la première communion pour des enfants qu'en conscience il en juge indignes.

La première communion n'est point une simple formalité placée au seuil de la jeunesse, et c'est un horrible sacrilège de la faire sans les dispositions qu'elle exige.

Il sera sans doute utile de mettre ici la prière suivante, qui fut composée en 1847, et en tête de laquelle sont ces paroles : « Prière d'Antonine Vinson, de l'île Bourbon, se préparant à sa première communion. »

« Elle est donc enfin arrivée, ô mon Dieu, cette grande époque de ma vie après laquelle je soupire depuis si longtemps ; pénétrez-moi de plus en plus, Seigneur, de l'importance de l'action à laquelle je me prépare, de la nécessité de m'y consacrer entièrement, et dirigez vous-même toutes mes pensées, mes réflexions, mes sentiments, mes lectures, mes actions, tout ce que je ferai désormais pour m'y disposer.

» Eclairez-moi, ô Esprit-Saint, sur ce que j'ai à faire pour la meilleure préparation possible ; inspirez-moi les meilleurs moyens d'y réussir, et les sentiments dont vous désirez vous-même que je sois animée; formez dans mon cœur les vertus et les résolutions les plus propres à le rendre un digne sanctuaire de CELUI que je vais y recevoir pour la première fois.

» Et vous, ô Marie, qu'il nous a donnée pour mère, je me mets d'une manière spéciale sous votre protection : bénissez votre enfant.

» Bénissez-moi aussi aidez-moi, protégez-moi, saint Joseph, bon Ange que Dieu m'a donné pour gardien, ma sainte patronne, tous les saints anges, tous les saints et saintes du ciel. Oui, j'en ai la douce confiance, sous de si heureux auspices, je ferai une première communion parfaite ; j'aurai le même bonheur que sainte Thérèse, qui a tant pleuré en cet ineffable moment, et j'en serai heureuse, non-seulement tous les jours de ma vie, mais encore éternellement avec vous dans le Ciel.

» Mon Dieu, tout ce que je dis et demande dans cette prière, je vous le dis et vous le demande aussi pour mes chères compagnes, qui se préparent comme moi au plus grand bonheur, au plus grand honneur que nous ayons eus de notre vie. »

Quelle est donc grande, profonde et funeste l'erreur de ces parents qui s'imaginent que les deux années consacrées aux catéchismes, aux confessions et aux autres exercices préparatoires à la première Communion sont deux années perdues ! Ils étaient sans doute dans cette erreur déplorable les parents de Gabrielle et d'Etienne, dont nous aurons à parler : aussi on verra les résultats d'un pareil préjugé.

Si, avec tout ce que la religion fait pour les enfants, ils sont encore si défectueux, que serait-ce sans cela ? On ne le voit que trop en ceux chez lesquels le monde cherche à détruire d'un côté ce que les ministres de J. C. s'appliquent à faire de l'autre.

A mesure que le grand jour approchait, Louise sentait ses saints désirs devenir plus ardents ; aussi, quand il fut arrivé, son recueillement fut si profond, sa joie si vive, sa piété si touchante, que tout le monde en fut attendri, ainsi que des douces larmes de bonheur qu'elle versa pendant son action de grâces, un des moments les plus précieux. Sainte Thérèse dit que Notre Seigneur, arrivé en nous par cet admirable sacrement, se place sur notre cœur comme sur un trône, et dit à l'âme : Maintenant je ne puis plus rien te refuser ; demande-moi donc tout ce que tu voudras, et je te l'accorderai.

Pendant les quatre années suivantes, on n'eut à reprocher à Louise que des fautes minimes et rares, effets de ce fonds de vanité et de légèreté dont nous avons déjà parlé. Parmi les résolutions de son règlement de vie, était celle de s'approcher des sacrements aux grandes fêtes, pratique qui décide de la persévérance et de la bonne mort.

A propos de règlement de vie, quelqu'un disait de temps à autre : De tous ceux qui ont fait leur première communion avec moi, je suis le seul qui en aie fait un, aux instances de ma mère, qui me le faisait relire tous les dimanches et pratiquer tous les jours : je suis aussi le seul qui aie persévéré.

Une précieuse qualité qu'on avait fait acquérir à Louise était de convenir de ses fautes, de s'en repentir, et d en demander pardon. Au reste, ses parents avaient à se les attribuer, du moins en partie ; son père surtout n'y contribuait que trop par son amitié aveugle et excessive, par son imprudence à la vanter en toute rencontre, et cela devant elle, à se plaindre de ce que les autres jeunes filles plus riches et mieux vêtues la traitassent avec un certain air de supériorité. Sa femme, plus prudente, le reprenait des éloges déplacés qu il donnait à sa fille ; mais, à son tour, elle ne cachait pas assez le faible qu'elle avait, elle aussi, pour cette aimable enfant, qui ne s'en apercevait que trop. Geneviève, sa marraine, était la seule qui ne la flattait point, et qui lui rappelait qu'il est plus sûr de vivre dans un état obscur, d'être vêtue pauvrement, et de souffrir avec résignation les sots et puérils mépris des riches.

Un petit héritage de cinq ou six mille francs mit fin à l'heureuse tranquillité dans laquelle cette famille coulait ses jours. Catherine consentit bien à ce que Louise fût vêtue un peu mieux qu'auparavant ; mais elle ne résista pas assez à la folle prétention de Mathurin, qui exigea que leur fille fût parée comme celle des plus riches cultivateurs : celle ci, qui n'avait pas su dominer suffisamment son goût pour la parure, en perdit un peu la tête, et chercha à se faire voir partout, surtout à celles qui l'avaient méprisée jusques-là parce qu'elle était pauvre, ce qui est un des travers les plus imbéciles de la race humaine, dont les Français eux-mêmes, malgré tout leur *esprit,* n'ont pas encore eu le *bon sens* de se défaire.

Gabrielle fut une des premières à la tourner en ridicule : Voyez, voyez, disait-elle, comme cette petite mijaurée lève maintenant la tête ; rien de tel que les gueux ; quand il leur arrive quelques liards, ils se croient de grands personnages. Comme un jour elle achevait de parler ainsi, elle aperçut Louise, courut à elle, et lui fit force compliments. Voyez ce que c'est que les non-chrétiens, et comme ils sont faux ! De cajolerie en cajolerie, elle finit par obtenir de celle qu'elle flattait perfidement la promesse d'aller à la fête de Saint-Martin, village voisin, ayant soin de ne lui alléguer pour raison qu'un motif religieux. Louise fit d'abord quelques difficultés ; elle ne pouvait se dissimuler combien il était dangereux d'aller avec une personne dont la conduite n'était pas édifiante : d'un autre côté elle prévoyait qu'il faudrait, dans cette circonstance, user d'un peu de dissimulation. Mais Gabrielle lui fit tant de compliments, et cajola si bien sa vanité, qu'elle finit par promettre, et à la fin du déjeuner elle dit à sa mère : Je voudrais bien aller aux vêpres à Saint-Martin, dont c'est aujourd'hui la fête patronale : plusieurs de mes compagnes vont y aller ; bonne maman, laissez-moi y aller avec elles ; je vous promets d'être revenue de bonne heure.

Catherine devina sans peine que la vanité entrait pour beaucoup dans la prétendue dévotion de sa fille, et lui refusa d abord son consentement. Alors celle-ci employa la ruse ordinaire des enfants ; elle se mit à pleurer. En effet, Mathurin, attendri, dit à sa femme : Pourquoi lui causer du chagrin ? Quel mal y a-t-il d'aller à St-Martin ? — Quel mal ? répondit Catherine; il n'y a qu'à voir la conduite de toutes ces coureuses de fêtes, et l'on saura quel mal il y a d'y aller Enfin, puisque tu le veux, tout est dit ; elle ira ; j'y consens, mais à condition que Geneviève ne la quittera pas un seul instant. Louise se soumit à cette clause, mais bien embarrassée, sentant que la présence de sa marraine dérangerait tout. Malheureusement sa mère, au lieu de la remettre elle-même entre les mains de Geneviève, la laissa sortir seule pour aller la trouver ; alors Louise, malgré les remords de sa conscience, se décida à l'esquiver, et pour cela fit un long détour jusqu'au lieu du rendez-vous. Plus tard, elle racontait ce qu'elle se disait à elle-même en manquant ainsi à sa parole aussi bien qu'à sa mère : Que fais-je ? Voilà donc que j'évite ma meilleure amie. Ce n'est pas là ce que j'ai promis à Dieu tant de fois, surtout le jour de ma première Communion Je n'aurais pas commis cette félonie il y a seulement deux jours.

Ces réflexions l'eussent décidée à se rendre auprès de sa marraine, si elle eût été raisonnable et telle qu'elle était autrefois ; mais la crainte de contrarier Gabrielle l'emporta, tant une seule conversation avec cette mondaine l'avait déjà changée, tant les mauvaises compagnies sont séduisantes et funestes, lorsqu'elles flattent notre vanité pour arriver à leurs fins. Je dis *pour arriver à leurs fins*, parce que Gabrielle s'était vantée devant plusieurs jeunes gens d'amener à danser avec eux, et en moins de temps que disaient les autres, *cette petite faiseuse de belles phrases au catéchisme contre la danse.*

Elle commença par faire un mensonge à Gabrielle, qui se plaignait de son retard ; elle en attribua la cause à une commission donnée par ses parents, évitant de parler de Geneviève. Lorsqu'elles arrivèrent à Saint-Martin, les vêpres étaient finies, ce qui chagrina beaucoup Louise : Gabrielle consentit à y suppléer par une prière. Mais, après cinq ou six minutes, Louise restant toujours à genoux : « Il ne faut pas prier ainsi pendant deux heures, lui dit Gabrielle avec impatience ; il est temps de partir, si vous ne voulez pas vous en retourner sans avoir rien vu » S'apercevant que Louise était choquée qu'elle lui parlât ainsi, et dans l'église, elle se radoucit, et l'entraîna sur la place voisine, rendez-vous de tous les libertins et de toutes les étourdies du voisinage. Elle vit combien Louise était révoltée de tout ce qui s'y passait ; les uns étaient abrutis par l'ivresse et pouvaient à peine se soutenir ; les autres se disputaient, ou même se battaient comme des furieux ;

un grand nombre d'effrontés des deux sexes se livraient à des jeux indécents ; ailleurs c'étaient des injures atroces ; ici des blasphèmes et des jurements effroyables ; là des chansons lubriques et des discours plus lubriques encore ; partout des clameurs, un vacarme, un désordre qui rendaient ce village semblable à une place prise d'assaut. Tous ces scandales faisaient horreur à Louise : Hélas ! disait-elle au fond de son cœur, comme elle le raconta dans la suite, quelle différence entre la société de Geneviève et celle de Gabrielle, qui s'amuse de tout cela ! Combien ma mère était plus sage que moi en me refusant sa permission ! Ah ! maintenant que ne suis-je à Ormoy !

La pauvre Louise était si affligée qu'elle laissa échapper ces dernières paroles : Gabrielle les entendit, et lui dit : Tout cela vous étonne, ma bonne amie ; je le crois bien : mais on s'y fait. La première fois que je fus témoin d'un pareil tapage, je fus encore plus épouvantée que vous ; maintenant cela ne me fait plus rien. Je suis aussi scandalisée que vous de certaines choses qu'on ne peut s'empêcher de voir et d'entendre ; mais nous ne sommes pas chargées de la conduite de notre prochain ; quant à nous, pourvu qu'on n'ait rien à nous reprocher, c'est l'essentiel. Et, sans attendre la réponse de Louise, elle l'entraîna dans un groupe de jeunes gens, où elle reçut beaucoup de compliments. Trop attentive à ces discours flatteurs, tout nouveaux pour elle, Louise n'était déjà plus si offusquée de ce qui tout d'abord avait choqué ses yeux et ses oreilles, et elle commençait à trouver la fête moins désagréable.

« La voilà qui commence à s'apprivoiser, dit Gabrielle à l'une de ses compagnes : tu verras que nous ferons de cette petite sauvage ce que nous voudrons. Et d'abord, tâchons de la faire danser. » On se fit des signes que tout le monde comprit, excepté Louise, et aussitôt Etienne, frère de Gabrielle, quittant un des groupes voisins, alla les joindre. Il avait parié un demi-franc contre Philippe, autre étourdi d'un village voisin, qu'il viendrait à bout de faire danser « cette petite mijaurée qui, au catéchisme, faisait de si belles phrases contre la danse. » Toutefois, la timidité de Louise, et plus encore la crainte d'être grondée par sa mère, rendirent inutiles, du moins pour cette fois, les instances dont elle fut assaillie. « Que vous êtes simple ! lui disait Gabrielle : s'il y avait du péché à danser, telle et telle que vous connaissez voudraient-elles le faire ? Que craignez-vous donc ? que la maman ne le sache ? Oh ! rassurez-vous ; quand le bonhomme de père et la bonne femme de mère s'avisent de nous questionner là-dessus, nous savons les duper le mieux du monde. »

C'est ainsi que cette fille mondaine détournait de plus en plus Louise du respect et de l'obéissance envers les parents, en même temps qu'elle l'apprivoisait avec la fourberie et le mensonge.

Elle était sur le point d'être séduite par ces

perfides insinuations, lorsqu'elle fut retenue par un reste de pudeur à la vue de ce qui se passait entre les danseurs et les danseuses. Ce qu'elle vit fit tant d'impression sur elle, que plusieurs années après elle en parlait encore, et qu'elle écrivit un jour à ce sujet les lignes suivantes : « Ce que j'ai vu de mes propres yeux m'a prouvé que la danse est un divertissement très-dangereux. On cherche à se rassurer sur ce qu'il a lieu en public ; cela n'empêche pas qu'on s'y permette des libertés indécentes, qu'on appelle des figures. Qui pourrait compter combien de faiblesses et de séductions, de chutes et de désordres tout cela a produit ? Je connais des jeunes filles d'Ormoy qui ont cessé d'être vertueuses une fois qu'elles ont dansé. Même sous les yeux des parents, leurs pauvres filles commettent de grandes fautes, sans qu'ils s'en doutent, sans qu'ils comprennent les signes qu'on leur fait, mais qu'elles n'entendent que trop bien, et auxquels elles ne répondent que trop clairement. »

Quant à Gabrielle elle se mit à danser avec frénésie, et cela jusqu'à ce que la nuit eut forcé tout le monde à se retirer : pendant plus d'une heure elle avait tâché de calmer les inquiétudes et les impatiences de Louise en lui disant toujours : « Encore une contredanse et nous partirons. »

Une frayeur qui s'empara de Louise, en revenant à Ormoy, lui donna une sorte d'évanouissement, et elle tomba dans un bourbier. En voyant tout salis de la tête aux pieds ses beaux vêtements, dont elle était folle, elle aurait préféré s'être cassé un bras ou une jambe. Il fallut, bon gré mal gré, s'arrêter chez les parents de Gabrielle pour se remettre tant bien que mal en état de rentrer chez les siens. Depuis longtemps, au clair de lune, sa mère, en proie aux plus vives inquiétudes, debout à la porte, surveillait son retour, et elle n'eût pas besoin de lui crier de se presser, car la pauvre Louise courait de toutes ses forces, ce qui ne la préserva pas d'être bien grondée ; mais elle avait concerté sa réponse avec Gabrielle : « Chère maman, lui dit-elle, je n'ai pu faire autrement ; l'office était si long, si long ! on a chanté les vêpres si lentement ! ensuite un sermon qui n'en finissait point ; puis une procession qui a duré trois quarts d'heure ; enfin un salut qui n'a pas été moins long. Un moment j'ai cru qu'il faudrait coucher là, car Geneviève n'a voulu partir que quand le sacristain se disposait à fermer l'église. Je lui disais bien qu'il serait trop tard, mais elle a voulu faire à sa tête ; j'ai été forcée d'obéir. Aussi comme je lui ai fait doubler le pas ! Elle n'en peut plus, et voilà pourquoi elle n'est pas venue me conduire jusqu'ici. » En débitant cette enfilade de mensonges, elle sentait que sa contenance embarrassée pouvait la trahir ; elle s'esquiva donc au plus vite en disant : « Je suis tout en nage ; permettez-moi d'aller me changer. » C'était aussi un moyen d'empêcher sa mère de remarquer les traces de l'accident qui lui était arrivé en route.

Heureusement pour elle, ou plutôt malheureusement, Geneviève, en sortant de l'office, était rentrée directement chez elle, où elle avait trouvé une de ses parentes dont elle n'avait pu se séparer. Le lendemain, après avoir assisté à la messe, elle s'empressa d'aller voir Louise : tout était encore découvert, si elle l'avait trouvée avec son père ou sa mère. Hélas ! ce qui parut à Louise un grand bonheur était plutôt un malheur véritable ; les justes reproches qu'on lui eût adressés lui eussent épargné des fautes dans lesquelles l'impunité la fit tomber ensuite. Geneviève commença par lui demander si elle avait été malade : « Non, répondit-elle d'un air compatissant : j'ai rencontré une pauvre femme qui avait affaire à Boissy. Partie d'Étampes dès la pointe du jour, elle n'avait plus la force de se traîner : un petit enfant qu'elle tenait par la main était encore plus fatigué qu'elle. J'ai employé à leur acheter de quoi manger et boire le peu d'argent que j'avais sur moi, et je l'ai accompagnée jusqu'au terme de son voyage, la soutenant d'un bras, et, de l'autre, portant son petit enfant. Mes parents ont cru que j'avais assisté aux vêpres avec vous comme à l'ordinaire, et je ne les ai pas détrompés. Je vous en prie, ma chère marraine, ne leur parlez pas de cela ; il faut qu'il n'y ait que Dieu et nous qui le sachions. »

Comme une première faute une fois commise

nous rend plus hardis à en commettre d'autres!
Toutefois, malgré l'aplomb avec lequel sa filleule
débitait ces mensonges, Geneviève sentit que,
pour la première fois, elle lui cachait quelque
chose, et en la quittant, le cœur triste, elle laissa
échapper ces mots : Ah ! Louise, tu n'es plus la
même. Ces paroles la frappèrent profondément ;
restée seule, elle soupira en se disant à elle-
même : comme elle l'a racontée dans la suite :
« Hélas ! cela n'est que trop vrai ; depuis hier je
suis bien changée : voilà ce qu'a produit en moi un
seul jour de dissipation. Hier je ne mentais qu'en
tremblant; aujourd'hui j'ai menti avec impudence.
De plus, à peine ai-je fait fait ma prière du soir, et
encore comment l'ai-je faite ? »

Alors, déchirée par ses remords, elle résolut de
ne plus aller à aucune fête patronale ; mais ce
n'était pas assez : elle aurait dû ajouter la résolution d'éviter l'occasion qui l'y avait entraînée,
c'est-à-dire la compagnie de Gabrielle Elle lui
avait bien promis de retourner la voir au plus tôt;
mais elle aurait dû se rappeler qu'on n'est pas
obligé de tenir une promesse imprudente, que c'est
même défendu, et qu'il est sot de s'en faire un
scrupule.

Quelques jours après, envoyée en commission à
Etampes par sa mère, elle fit un détour pour aller
faire cette visite à Gabrielle : celle-ci, apprenant
qu'elle allait à Etampes, s'empressa d'aller dans
la chambre voisine où étaient sa mère et Étienne,

leur dit qu'elle y accompagnerait la voyageuse, Etienne s'y rendit par un autre chemin et alla droit au marché, où il acheta quelque chose. Gabrielle fit semblant, en présence de Louise, d'être étonnée d'apercevoir Etienne, et de son côté ce dernier fit le surpris de voir Gabrielle, qui feignit de le gronder de ne l'avoir pas avertie qu'il se rendait à la ville. Louise prit la défense du jeune homme, accepta la proposition de s'en retourner tous trois ensemble, et ne rougit pas de leur raconter, chemin faisant, les mensonges qu'elle avait faits, ce à quoi les deux autres applaudirent. Gabrielle s'empressa de profiter de l'occasion pour l'engager à secouer l'empire qu'elle avait laissé Geneviève prendre sur elle, en la traitant de ridicule, en l'assurant que tout le village en riait, et en insinuant qu'on allait jusqu'à parler de sa marraine d'une manière peu honorable pour sa réputation. Étienne fit semblant de prendre sa défense: d'accord avec sa sœur pour mondaniser Louise, ils tâchaient tous deux de la détacher d'une compagne qui lui donnait d'utiles leçons et de bons exemples, et sa feinte modération augmenta la bonne opinion que Louise avait de lui, en même temps qu'elle fournit à Gabrielle l'occasion d'entasser contre Geneviève calomnies sur calomnies.

Ces propos firent d'autant plus d'impression sur sa filleule que ses conseils et sa surveillance commençaient à lui devenir à charge : elle alla même jusqu'à promettre de ne plus la voir que le moins possible, et elle ne fut que trop exacte à tenir parole. Plus elle recherchait Gabrielle, plus elle fuyait Geneviève : si quelquefois elle ne pouvait l'éviter, son abord était si froid, ses réponses si sèches, son indifférence si visible, qu'il ne fut plus possible à sa marraine de se faire illusion sur son intention de rompre avec elle, sans pouvoir néanmoins en deviner la cause, ce qui ne l'empêchait point de redoubler de soins auprès de sa filleule.

Le dimanche suivant, Geneviève, au lieu de l'attendre pour aller à vêpres, fut la prendre chez elle : Louise la suivit ; mais, dès qu'elle fut assurée que ses parents ne pourraient plus la voir, elle mit en avant un prétexte pour quitter sa marraine, et courut chez Gabrielle. Elle avait promis à Geneviève d'aller la joindre à l'église, mais n'y alla point. Le lendemain, celle-ci alla lui exprimer en particulier, et avec la plus grande douceur, le chagrin que lui causait une conduite si peu édifiante. Alors Louise lui répondit avec colère : « Je ne suis plus une enfant ; je suis assez grande pour faire ce qui me plaît ; je n'ai besoin des conseils de personne, et, si vous n'avez à me donner que des avertissements qui m'ennuient, vous pouvez demeurer chez vous. » Geneviève, surprise et affligée, se retira sans dire un mot, remettant à la revoir lorsque sa visite lui semblerait plus agréable et plus utile. Alors Louise se trouva abandonnée à elle-même et à sa dangereuse amie ; elle commença par ne plus faire son quart d'heure de lecture méditée de chaque matin ; à celle des bons livres elle substitua en cachette celle des romans, ces livres funes tes qui ont perdu tant d'âmes ; ensuite, voulant conserver du moins une écorce de religion sans changer de vie, elle quitta le confessionnal de son curé pour s'adresser à un prêtre des environs, à qui Gabrielle s'adressait aussi, parce que, disait elle, c'était un brave homme qui laissait tout passer et n'était point du tout méchant. Aux observations de sa mère à ce sujet, Louise répondait : « La confiance ne se commande pas. »

Ce n'était plus cette enfant docile qui n'aurait osé faire un seul pas sans permission ; elle sortait et rentrait selon son bon plaisir, n'obéissait plus qu'à ses caprices et allait dans des soirées suspectes : ses parents, las de disputer sans cesse avec elle et de la gronder du matin au soir, avaient fini par céder à la paresseuse et coupable faiblesse de la laisser faire. La passion de la parure faisait chaque jour en elle de nouveaux progrès ; elle trouvait toujours que ses parents ne lui donnaient pas assez, voulant absolument se procurer tout ce qu'elle voyait d'élégant sur les autres : « Crois-moi, lui dit un jour Gabrielle, dis-leur de te mettre à ton pain ; alors tu deviendras ta maîtresse, et l'on ne viendra plus te reprocher sans cesse le peu qu'on fait pour toi. — Qu'est-ce que c'est donc que d'être à son pain ? — C'est un arrangement par suite duquel les enfants se nourrissent et s'entretiennent eux-mêmes ; on leur laisse désormais tout leur temps et on ne leur demande plus aucun service dans la maison. »

Louise rougit d'abord à la seule pensée de faire une telle proposition aux siens : mais on s'apprivoise peu à peu avec les mauvaises idées qu'on ne rejette pas de suite. Quelques jours après, ayant de nouveau demandé un tablier de luxe semblable à celui de Gabrielle, elle éprouva un nouveau refus, accompagné, cette fois, de gronderies ; c'est alors qu'elle osa dire à sa mère : « Eh bien! laissez-moi travailler pour mon propre compte : Je vous paierai ma nourriture, et je m'entretiendrai comme il me plaira. Puisque vous me traitez comme une étrangère, ne trouvez pas mauvais que je..... Catherine ne la laissa pas achever : « Malheureuse ! as tu bien le front de nous faire de pareilles offres ? Ah ! nous devrions les accepter, car tu n'es plus digne d'être notre fille : mais nous ne voulons pas te voir mourir à petit feu à force de travailler la nuit comme le jour pour satisfaire ton ridicule amour de la parure. Va ; si tu es assez ingrate pour oublier ce que nous avons fait pour toi jusqu'ici, sors de la maison, et n'aie plus jamais l'audace de reparaître devant nous. »

Cette foudroyante apostrophe la fit rentrer en elle-même ; elle se jeta aux genoux de ses parents, et les pria de lui pardonner les chagrins qu'elle leur avait causés depuis quelque temps. Touchés de son repentir, ils la relevèrent en l'embrassant, et lui promirent de ne plus lui en parler. De son côté, elle leur promit de leur donner à l'avenir plus de satisfaction, et elle eût tenu parole, si elle ne fût retournée voir Gabrielle. — Eh bien! lui demanda celle-ci, où en est votre bourse? — Je suis toujours, lui répondit Louise, obligée d'attendre ce qu'on veut bien me donner : ce qui me désole, c'est qu'on ne veut pas me donner un tablier pareil au vôtre. — Pauvre innocente, reprit vivement Gabrielle, si j'étais aussi timide que vous, je serais encore mise à faire peur, et il y a de vingt à vingt-cinq jeunes filles d'Ormoy dans le même cas. Croyez-moi, chère amie, il n'y a pas grand mal à duper un peu des parents qui résistent si obstinément à nos désirs les plus légitimes; Ils nous envoient au marché; ce que nous vendons trente sous, nous disons n'en avoir pu tirer que vingt-quatre, et ainsi de suite. De plus, nous montons tout doucement au grenier prendre quelques poignées de blé que nous amassons dans un coin, et que nous allons vendre quand il y en a un boisseau. »

Une telle proposition fit d'abord horreur à Louise : voler ses parents ! cette pensée l'épouvantait : Gabrielle s'en aperçut, et n'insista pas, se bornant à la plaindre d'avoir des parents si durs. Louise ne répondit qu'en jetant un dernier coup d'œil sur son tablier d'indienne, qu'elle trouvait tous les jours plus joli.

Une des causes les plus ordinaires des fautes et des crimes qui se commettent est la non-résistance aux mauvaises envies : Il est donc d'une importance extrême d'exercer l'enfance et la jeunesse à ne pas s'y laisser aller, ce dont on ne vient à bout que par l'amour de Dieu, l'espoir de ses récompenses, ou la crainte de ses jugements et de ses châtiments, sentiments que font perdre peu à peu les mauvaises compagnies, les romans, beaucoup de pièces de théâtre, les livres et les journaux anti-religieux.

De même que Gabrielle avait apprivoisé peu à peu Louise avec le mensonge, elle l'apprivoisa avec le vol ; les exigences de sa passion pour la toilette l'aveuglèrent au point qu'elle finit par trouver bonnes les plus pitoyables raisons. En moins d'une semaine, elle retira du grenier de son père de quoi se procurer un tablier aussi beau et même plus beau que celui de son amie. — « Vous regardez mon nouveau tablier, dit elle à sa mère; ah! je l'ai payé assez cher. Combien de nuits il m'a fallu passer pour l'avoir! je me suis tuée de travail; je me sens la poitrine tout abimée; je suis sur les dents ; mais j'aime mieux mourir que de m'attirer de nouveaux reproches de votre part. » Catherine s'attendrit et se promit bien d'avoir désormais pour elle la plus tendre indulgence, ne se doutant guère à quel point sa fille s'en était rendue indigne, et gâtant ainsi d'un côté ce qu'elle tâchait de faire de l'autre.

Louise, comme tous les voleurs, comme tous ceux qui font mal, prenait dans les commencements de minutieuses précautions pour se cacher; ensuite, également comme eux, elle se relâcha là-dessus; l'habitude rend plus hardi. Un jour qu'elle montait au grenier tenant un petit sac qui contenait près d'un boisseau, elle ne prit plus la peine de s'assurer qu'il n'y eût personne qui pût l'apercevoir ni l'entendre; elle ne marcha plus sur la pointe du pied. Son père, qui était dans la pièce inférieure au grenier, entendit du bruit et monta, craignant qu'il y eût un voleur. Quelle ne fut pas sa stupéfaction, son indignation, sa fureur, à la vue de sa fille mettant sans façon du blé dans son sac ! « Ah ! voleuse, s'écria-t-il; ah ! scélérate ! c'est donc mon blé qui fournit à ta parure ! » Alors, il prit un bâton qui se trouvait là et lui en déchargea sur le dos un coup si rude qu'elle tomba à ses pieds sans connaissance. Ensuite, passant brusquement de la colère à la commisération : « Malheureux que je suis ! s'écrie-t-il, j'ai tué ma fille ! Mon enfant, ma pauvre enfant, va, je te pardonne, ma Louise, ma chère Louise ! » Celle-ci, baignée des larmes de son père, commence à entendre sa voix; elle soupire et entr'ouvre les yeux ; son père la prend dans ses bras, la porte sur son lit, appelle Catherine et tous deux, à force de soins, finissent par la rappeler à elle-même. Son père, passant lui aussi, d'un excès à un autre, lui témoigne de la manière la plus touchante le regret de

son emportement. Louise lui demande pardon :
« N'en parlons plus », dit Mathurin, faisant comme
sa femme, c'est-à-dire de leur fille une enfant
gâtée, et détruisant d'un côté ce qu'ils voulaient
faire de l'autre.

Une des plaies de la société, ce sont ces misé-
rables recéleurs qui achètent les choses volées :
plus une population devient anti-chrétienne ,
plus ils se multiplient, ce qui multiplie aussi le
nombre des voleurs , surtout parmi les enfants
et les domestiques. L'administration a beau mul-
tiplier aussi de son côté la police et les gen-
darmes ; on sait, et parfaitement, déjouer leur
surveillance. On s'obstine à fermer les yeux sur le
grand préservatif, qui est le souvenir de la surveillance de Dieu, du jugement à la mort et de ses
suites, et on fait la guerre à ceux qui enseignent
ces vérités à la conscience de l'enfant, c'est-
à-dire qu'on s'obstine à écarter le seul moyen
efficace d'empêcher le vol.

Dès que Louise fut en état de sortir, elle revit
Gabrielle et bientôt elle voulut aller dans les
veillées qui avaient lieu chez un voisin nommé
Simon. Tout était arrangé d'avance ; Gabrielle y
allait tous les soirs avec Etienne. Catherine refusa
la dangereuse permission que sa fille lui demandait ; mais l'aveugle Mathurin l'accorda, ajoutant
à son sot engouement pour sa fille la faute in-
excusable d'ôter à l'autorité d'une mère le prestige
sacré qu'il faut toujours lui conserver, sous peine

des plus déplorables conséquences Catherine dit alors que du moins elle l'y accompagnerait pour veiller sur ce qui se passe dans ces sortes de réunions : Mathurin s'opposa encore à cette précaution qui était pourtant suggérée par le plus gros bon sens ; il trouva pour prétexte que la présence des parents gêne la jeunesse, et qu'il était bien sûr qu'il ne se passait rien que d'innocent chez ce brave homme de Simon. Louise alla donc y passer la soirée.

Le lendemain, son parrain, arrivé d'un voyage et informé de ce que nous venons de raconter, leur fit les observations suivantes : « Je ne sais à quoi vous pensez d'exposer ainsi votre fille : sans doute, il faut des divertissements à la jeunesse, mais il faut aussi qu'ils ne soient pas de nature à lui corrompre le cœur. Même sous les yeux des parents, on se dit de petits mots à l'oreille, on se fait certains gestes, on se permet certaines familiarités, pour ne rien dire de plus. Aussi les filles qui fréquentent ces assemblées, même avec leurs parents, deviennent dissipées, arrogantes, babillardes, capricieuses, passionnées pour la parure : mais c'est bien pire quand on les laisse livrées à elles-mêmes. — Alors, dit Mathurin, les enfants ne pourront donc pas faire un pas sans qu'il y ait du mal. — Vous ne connaissez donc pas la jeunesse, reprit Bastien ; c'est comme le lait sur le feu ; il faut la surveiller continuellement. — Eh bien ! mon ami, interrompit Mathurin, impatienté, je suis son père ; cela me regarde et non pas vous — Quoi ! reprit Bastien, ne suis-je pas son parrain ? Ne suis-je pas obligé de veiller à ce qu'elle se conduise en bonne chrétienne ? Venez, et nous verrons ce qui se passe dans ces soirées. »

En parlant ainsi, il le prit par le bras, et le mena à une fenêtre qui leur permettait d'entendre sans être vus : justement on en était sur le compte de Bastien. Chacun des assistants conseillait à Louise de ne plus se laisser dominer par cet impérieux parrain, et de lui parler de manière à ce qu'il ne se melât plus que de ses affaires. — Oh ! je vous réponds de Louise, s'écria Gabrielle : elle a déjà habillé de la bonne manière sa marraine Geneviève ; elle saura bien écarter de même celle-ci. Allons, dit Etienne à son tour, mettons-nous de suite à tirer les gages et à faire les pénitences. Le premier gage échut à Louise, cela va sans dire ; la pénitence était de chanter. La pauvre fille ne savait que des cantiques ; elle en commença un d'une voix timide et faible.

> Le temps de la jeunesse
> Passe comme une fleur ;
> Hâtez-vous, le temps presse,
> Donnez-vous au Seigneur.
> Tout se change en délices
> Quand on veut le servir ;
> Les plus grands sacrifices
> Font les plus doux plaisirs....

Elle commençait la seconde strophe,

N'attendez pas cet âge
Où les hommes n'ont plus
Ni force ni courage
Pour les grandes vertus....

lorsque Gabrielle, l'interrompant, lui dit : Tu ne seras jamais qu'une sotte : tu veux donc nous faire bâiller avec tes cantiques ? Je vais faire ta pénitence pour toi. Et aussitôt elle chanta d'une voix forte une chanson qui n'était rien moins que modeste ; les paroles scabreuses et à double sens en faisaient le principal ornement ; tout le monde applaudit, excepté Louise, qui pour cela avait encore trop de retenue, et qui était choquée que Gabrielle montrât si peu de réserve et de pudeur.

Le second gage fut pour Gabrielle ; la pénitence était d'embrasser celui qu'on aimait le mieux. Oh ! je ne serai pas embarrassée, dit aussitôt Gabrielle ; et elle sauta au cou d'Hippolyte, jeune étourdi, fils de Simon, chez lequel avait lieu la veillée. Quelques jeunes gens applaudirent ; d'autres s'en moquèrent, et Louise dit à l'une de ses voisines : Si on ne connaissait pas Gabrielle, on la prendrait aujourd'hui pour une libertine. Ces paroles, quoique dites à voix basse, furent entendues de Gabrielle, qui en fut choquée : Vraiment, s'écria-t-elle ; oh ! je sais que vous êtes une scrupuleuse ; vouliez-vous que je fisse comme vous ? Hier, vous avez laissé perdre votre gage plutôt que d'embrasser un garçon. La belle affaire ! il n'y a de mal à cela que pour ceux qui en trouvent. Que votre éducation est longue à faire ! Je veux pourtant en venir à bout, et dès aujourd'hui j'espère bien que vous embrasserez quelqu'un. » En disant ces mots, elle fit un signe à celle qui tenait les gages de toucher celui d Etienne, et en même temps elle eut soin de donner aussi pour pénitence d'embrasser la personne qu'on aimait le mieux. Louise comprit bien qu'Etienne allait venir l'embrasser, et prit le parti de se lever pour se retirer ; mais Gabrielle la retint par la robe ; Vous ne vous échapperez pas, dit-elle; il faut, bon gré mal gré, que vous embrassiez mon frère. Louise se débattait contre elle ; tous ceux et celles qui étaient à la veillée riaient ; mais Mathurin ne riait pas, et, ne pouvant retenir sa colère, il s'écria : Quoi ! ce polisson d'Etienne embrassera ma fille ! A ces mots il s'élança dans la pièce de réunion avec tant d'impétuosité, qu'au lieu d'ouvrir la porte il la renversa ; tout le monde se leva ; quant à lui, s'étant armé d'une chaise, il courut avec fureur sur Gabrielle, qu'il aurait assommée, si Bastien ne s'était promptement jeté entre eux deux. Tout le monde se sauva, excepté Louise, Bastien et Simon.

Ils se regardaient tous les quatre sans rien dire, lorsque la femme de Simon accourut précipitamment : « Impertinant, dit-elle à Mathurin, qui vous a donné le droit de venir faire un tel vacarme ici ? — Et vous, lui répondit-il, pourquoi faites-vous de votre maison une école de libertinage ? Si vous aviez vu les belles leçons qu'on donnait a ma fille, peut-être n'auriez-vous pas fait comme votre mari, qui regardait tout cela bien tranquillement! — J'ai mieux fait, dit la femme ; je me suis retirée pour laisser plus de liberté à ces enfants. — Oh! dit Bastien, le secret est admirable : vous avez donc peur que votre présence les empêche de faire assez d'étourderies ? Votre mari n'est pas si délicat, plus on en fait plus ça l'amuse. — Dans tout ce qui est dit, chanté et fait entre eux, ajouta Simon, je vous assure qu'ils n'y entendent pas malice. — Vous nous prenez pour des imbéciles, répondit Bastien, et vous voulez nous faire croire que dans la jeunesse, où les passions sont si vives, tout cela ne donne pas le moindre mauvais désir, la moindre mauvaise impression. Allez conter à d'autres de pareilles sornettes. On peut en juger par la belle conduite que mènent la plus grande partie de ceux qui viennent ici. » En disant ces mots, il sortit avec Louise et son père, auquel il fit avouer qu'il avait eu tort de se livrer à la colère et à la violence. Il fit aussi promettre à Louise d'éviter de semblables occasions, et de fuir avec le plus grand soin la compagnie de Gabrielle.

Il eut soin également, dès le lendemain, de la mener demander pardon à Geneviève des durs propos qu'elle lui avait adressés ; celle-ci accueillit sa filleule avec amitié ; mais elle ne tarda pas à reconnaître que le feu couvait sous la cendre, et qu'il ne fallait qu'une étincelle pour rallumer l'incendie. Effectivement, cette jeune personne s'était trop habituée à des plaisirs bruyants et à des discours frivoles : elle ne savait plus trouver de goût aux divertissements innocents, ni aux conversations simples de ses parents. Dans le sein de sa famille, les journées lui semblaient d'une longueur assommante, et pendant toute la soirée elle ne faisait que bâiller ; funeste effet de la fréquentation du monde non chrétien Malheureusement encore pour elle, son parrain fut obligé de s'absenter de nouveau ; c'était le seul qui eût de l'ascendant sur son esprit, et son départ la laissait sans soutien. Une dès vérités dont il faut s'appliquer à pénétrer le cœur de la jeunesse, et même de l'âge mûr, c'est qu'il est pour elle d'une importance majeure dans la vie de se défier toujours de soi-même, ensuite d'avoir toujours autour de soi quelques bons conseillers dévoués, et surtout de savoir lesconserver, par sa docilité à suivre leurs avis, par son assiduité à leur en demander souvent, et par des témoignages fréquents d'une tendre reconnaissance. Sans doute, Louise avait toujours là sa marraine, pleine de dévouement ; mais son cœur n'était plus le même pour cette amie si digne pourtant de toute sa confiance.

Gabrielle comprit qu'on avait ordonné à Louise de rompre avec elle ; aussi, tant que Bastien fut à Ormoy, elle ne chercha point à la voir ; mais, dès qu'il fut parti, elle épia l'occasion de la rencontrer. L'ayant aperçue, elle la suivit à pas de loup, et après l'avoir jointe elle lui sauta au cou, l'embrassa affectueusement, en lui disant : Ah ! chère amie, qu'il y a longtemps que nous ne nous sommes pas vues ! Elle fit ensuite mille plaisanteries sur ce qui s'était passé à la fameuse veillée. Louise, qui n'avait pas ri depuis longtemps, s'amusait de ce que disait son amie, et lui avoua qu'elle avait passé des jours bien tristes depuis qu'elles s'étaient trouvées séparées. — Et moi aussi, ma chère, lui dit Gabrielle ; les jours passés sans vous voir m'ont paru des années. Il est bien temps de nous en dédommager ; c'est demain la fête patronale de Boissy ; nous irons ensemble, et nous nous amuserons bien.

Louise s'excusa d'abord le plus honnêtement qu'elle put, se rappelant les promesses qu'elle avait faites à ses parents, à son parrain et à sa marraine. Mais l'autre insista, et même se mit à pleurer. Alors Louise lui dit, en l'embrassant : Non, non, ma Gabrielle, je ne veux pas vous chagriner ; j'irai avec vous à Boissy, puisque mon refus vous fait tant de peine. » Gabrielle, bien contente, la serra tendrement dans ses bras, et lui fit renouveler sa promesse d'aller à Boissy. Rentrée chez elle, Louise réfléchit à l'imprudence de cette promesse, et s'en repentit ; mais une fausse délicatesse à l'égard de sa parole donnée, d'un autre côté, la crainte de déplaire à son amie, étouffèrent ses remords. Comme elle prévoyait bien l'opposition de sa mère, elle partit de grand

matin sans lui rien dire, et alla chercher Gabrielle : Etienne les accompagna, et Philippe les
joignit à Boissy. On se rappelle qu'il avait parié
contre Etienne que celui-ci ne réussirait pas à
faire danser Louise.

Après quelques compliments, Philippe la pria de
danser avec lui : elle s'en excusa ; il s'en déclara
offensé. Vous n'avez pas à vous plaindre, lui répondit-elle, puisque je ne veux danser avec personne.

— Vous m'en donnez votre parole ?

- Oui, certainement.

Quand il se fut éloigné pour aller dans un
cabaret, Etienne, à son tour, entreprit Louise à
danser et Gabrielle y joignit ses instances. Comme
Louise résistait toujours, d'autres jeunes filles se
rassemblèrent et se mirent à la railler : enfin on
lui en dit tant qu'elle se laissa entraîner à faire
comme les autres. Etienne la prit par la main et
ils se mirent à danser. Philippe, qui les surveillait par une fenêtre du cabaret, sortit furieux,
courut à elle et lui donna un soufflet. Elle se prit
à pleurer : Etienne crut son honneur intéressé à
la venger, et rendit à Philippe un soufflet si violent
qu'il faillit le renverser. Celui-ci , plus fort
qu'Etienne, le saisit par les cheveux, lui fit faire
cinq ou six pirouettes, et le jeta dans un endroit
plein de boue. Les spectateurs riaient beaucoup
aux dépens d'Etienne, qui se retira dans une
maison voisine pour se nettoyer. Ensuite, s'étant
armé de deux pistolets, il sortit, afin de se venger

sur son agresseur. Louise et Gabrielle, après de longs efforts, finirent par réussir à le retenir et à lui faire reprendre le chemin d'Ormoy pour éviter une nouvelle rencontre avec son adversaire.

Il n'y avait pas cinq minutes qu'ils étaient en route que ce dernier les rejoignit : il s'approcha fièrement et demanda d'un air insolent à Louise si elle n'était pas fatiguée de la danse. Alors Etienne ne se contint plus ; il s'élança vers lui, et lui tirant ses deux coups de pistolet, l'étendit par terre baigné dans son sang ; puis il s'enfuit, et Gabrielle, les larmes aux yeux, se retira au plus vite. Quant à Louise, il ne lui fut pas possible d'en faire autant ; n'ayant plus la force de se tenir debout, elle s'assit et s'appuya contre un arbre, où elle resta hébétée. Cependant plusieurs témoins accoururent vers Philippe, qui n'avait plus qu'un souffle de vie : il maudissait Etienne et Louise ; il expira quelques minutes après

Geneviève ayant appris ce qui venait de se passer, alla trouver Louise, toujours affaissée contre l'arbre, et n'ayant pas même la force de pleurer : elle la prit sous le bras et l'achemina vers Ormoy. Avant d'y arriver, ils rencontrèrent les parents de Louise, qui accouraient également, mais n'avaient pu aller aussi vite que Geneviève. On mit au lit l'infortunée jeune fille, qui venait d'être atteinte d'un fort accès de fièvre et ne pouvait pas même prononcer une seule parole. On évitait de lui rappeler ce triste événement, parce qu'aussitôt elle se mettait à fondre en larmes : elle tomba dans une profonde mélancolie, n'osant pas même sortir de la maison, parce que chacun la regardait d'un air qui semblait lui reprocher les malheurs dont elle avait été la cause. Elle n'eut pourtant pas le bon esprit de revenir à de meilleurs sentiments ; au contraire, son caractère n'en devint que plus chagrin, plus difficile, plus irascible, plus vaniteux.

Etienne, arrêté près d'Orléans, fut jugé à Etampes : la nouvelle de sa condamnation à mort arriva à Ormoy un dimanche matin ; on apprit en même temps qu'il refusait de se réconcilier avec Dieu. Son vénérable curé le recommanda en chaire aux prières de toute la paroisse, et, après les vêpres, il partit pour Etampes. Le geôlier lui dit qu'il était impossible de voir Etienne, qu'après avoir entendu la lecture de sa condamnation, il était entré dans une telle fureur, qu'il avait rompu ses fers, et qu'ayant arraché plusieurs pavés de sa prison, il avait obligé le greffier et ses assistants de se sauver au plus vite, pour ne pas être assommés par les pierres qu'il voulait leur lancer, menaçant de tuer quiconque l'approcherait, qu'ainsi personne n'osait l'aborder, et que, pour mettre sa responsabilité à couvert, il ne le laisserait entrer que sur une permission du juge-président.

Le courageux pasteur courut chez ce magistrat, qui résista longtemps à ses sollicitations, et ne s'y rendit enfin qu'à condition qu'il serait accompagné de quatre archers pour le défendre, s'il parvenait à en trouver, car, pour lui, il ne voulait y obliger personne. Mais il ne s'en trouva point d'assez résolu, même à prix d'argent. Le lendemain, il offrit le saint sacrifice de la messe pour Etienne, et retourna chez le président, qu'il trouva mieux disposé. Celui-ci s'était informé si cet ecclésiastique, si zélé en faveur du condamné, n'était point un de ses parents ou de ses amis ; il avait appris qu'au contraire, Etienne avait toujours tâché de lui faire tout le mal possible, et qu'il avait, même plusieurs fois, répandu sur son compte les calomnies les plus odieuses. On ne saurait dire combien le juge fut touché de cette conduite d'un ministre de CELUI qui a dit : « Rendez le bien pour le mal ; priez pour ceux qui vous calomnient et vous persécutent. » Aussitôt il alla au-devant de ce brave curé en lui disant : « Vous êtes un digne prêtre, et j'admire votre charité. »

Il fut vivement ému en l'entendant le conjurer, au nom du Bon Pasteur, de le laisser entrer seul où était le condamné : la pâleur répandue sur le visage du prêtre, ses yeux baignés de larmes, sa voix entrecoupée de sanglots l'attendrirent tellement qu'il ne put se retenir de pleurer lui-même. Allez, généreux pasteur, s'écria-t-il, allez, et que celui dont vous êtes le si digne représentant parmi les peuples vous préserve de la mort à laquelle vous vous exposez avec tant de bravoure ! En même temps il signa l'ordre de le laisser pénétrer dans l'obscure prison.

L'intrépide pasteur alla donc retrouver le geôlier : celui-ci lui réitéra ses observations, mais inutilement. Ils entendaient les cris, ou plutôt les hurlements affreux et les blasphèmes du prisonnier qui, au grincement des verroux que retirait le gardien, cria d'une voix terrible : « J'ai une pierre à la main, et je casserai la tête au premier qui entrera. » Après de nouvelles supplications toujours inutiles, le geôlier laissa enfin le prêtre affronter la mort : celui-ci esquiva la pierre qu'Etienne lui lança, et ce furieux allait recommencer, lorsque, l'ayant reconnu à la voix, il se laissa approcher et embrasser. Après bien des difficultés, le dévoué pasteur réussit à le convertir, et se chargea de remettre à Louise une lettre par laquelle il lui demandait pardon d'avoir joint ses efforts à ceux de sa sœur Gabrielle pour la mondaniser.

La lecture de cette lettre, et les exhortations de son curé décidèrent Louise à revenir enfin aux sentiments dont elle s'était écartée : tout en larmes, elle se jeta à ses pieds ainsi qu'aux pieds de ses parents, et fut fidèle à ses nouvelles promesses, parce qu'elle cessa enfin de revoir Gabrielle. Mais elle resta diffamée dans le pays ; elle arriva jusqu'à l'âge de vingt-quatre ans sans qu'un seul parti se fût présenté. Son père ne put lui trouver pour mari qu'un pauvre jardinier, nommé Antoine, porté à l'ivrognerie et à la violence ; mais elle espérait l'améliorer et même le corriger tout-à-fait, ce qu'après avoir eu beaucoup à souffrir de lui, et pendant longtemps, elle réussit enfin à obtenir de lui à force de patience et de dévouement.

C'est que lui aussi avait reçu une éducation chrétienne : beaucoup, il est vrai, n'en profitent pas pour rentrer dans le chemin du ciel, pas même à la mort, parce que nous sommes bien plus portés au mal qu'au bien ; mais on peut dire néanmoins que, sans ce bon fonds d'éducation religieuse, ils seraient encore plus vicieux. Que deviendrait une nation, si elle venait à en être privée ?

Gabrielle, qui s'était compromise avec le jeune Hippolyte, fils de Simon, se flattait de l'épouser, et de rétablir un peu par là sa réputation. Mais elle en fut repoussée : Nous nous moquons, dit-il à la mère de Gabrielle, de ces filles qui, par leur parure et leurs badinages peu décents, espèrent trouver un mari : nous ne voulons pour épouses que des filles vertueuses. A cette déclaration, Gabrielle fut atteinte d'une telle palpitation de cœur, que pendant plusieurs heures elle put à peine parler. Le sang et les humeurs furent bouleversés ; elle fut bientôt dans un état qui fit présager sa fin prochaine. Elle repoussa les soins de Louise, les visites du curé, devint agitée, furieuse, poussant des hurlements et des blasphèmes, se disant réprouvée, et grinçant des dents.

Elle expira dans d'affreuses contorsions, après avoir maudit sa mère, et après lui avoir reproché de ne l'avoir pas élevée chrétiennement, et de lui avoir toujours représenté comme perdu le temps consacré au catéchisme et aux pratiques religieuses.

Ici se termine la partie de la vie de Louise Deschamps que nous offrons aux enfants et aux jeunes personnes. Quant à la seconde partie, que nous reproduirons plus tard pour les personnes mariées, nous n'en donnerons ici qu'un résumé très-succinct.

Antoine, ravi de la perspective inattendue qui s'offrait à lui de faire un mariage qu'il n'aurait jamais osé espérer, consacra dès lors toutes ses soirées à son futur beau-père, s'efforça de plaire à Louise, laquelle ne soupçonnait même pas le motif qui l'attirait si souvent à la maison, et ne tarda pas à la prendre en affection. Il la voyait toujours fidèle à ses exercices de piété, ainsi qu'à tous les autres devoirs, obéissant sans répliquer aux moindres ordres de ses parents, travaillant avec tant d'ardeur que souvent ils étaient obligés de la modérer, d'une patience inaltérable dans toutes les peines, supportant sans murmures toutes les contradictions, ne voulant plus être vêtue que des étoffes les plus communes, fuyant toutes les parties de plaisir, ne se promenant que les dimanches et fêtes principales, toujours avec sa mère ou sa marraine, et ne sortant les autres jours que pour aller à l'église ou en commission.

Tous les jours elle se levait à cinq heures et se couchait à dix ; elle avait l'importante habitude de faire tous les matins, après sa prière, un quart d'heure de lecture méditée, puis elle allait à la messe. A chaque heure, elle avait soin de faire ce qu'on appelle *le cœur à Dieu*. Quand elle passait devant l'église, elle y entrait, si elle en avait le temps, et y restait cinq ou six minutes ; à l'entrée de la nuit, elle y retournait pour assister à la prière du soir, à l'instruction et à la bénédiction. Elle faisait aussi son examen sur la manière dont elle avait passé la journée, puis lisait une première fois ce qu'elle devait relire le lendemain matin en le méditant. Elle s'approchait des sacrements les dimanches et aux grandes fêtes, après s'y être préparée les trois jours précédents : les trois jours suivants étaient consacrés à l'action de grâces.

Ce que tu viens de lire, ma sœur, est un petit extrait du règlement de vie que son curé lui avait donné après sa première communion ; c'est ordinairement un moyen sûr de persévérer dans la piété ou d'y revenir bientôt. Elle avait dévié de la bonne voie par suite de sa négligence à observer un point essentiel de ce règlement, celui qui était relatif aux mauvaises compagnies ; tu te rappelles les suites de sa faiblesse à se laisser entraîner par Gabrielle.

Lorsque son père lui exprima le désir de la voir épouser Antoine, elle consulta son parrain : elle apprit qu'il était sujet à la colère et à l'ivresse ; mais cette réflexion qu'il n'était pas possible à son père de lui trouver un meilleur parti la détermina à l'accepter, et Bastien approuva sa résolution.

Il est très-important de faire comprendre aux jeunes personnes qu'il y a des écarts que le public n'oublie point, et qui ont des conséquences funestes pour leur avenir, quoiqu'ils leur paraissent d'abord n'avoir rien de compromettant.

Antoine ne put obtenir de voir sa future en particulier ; elle était d'accord là-dessus avec ses parents et sa marraine; rien ne put les déterminer à se départir de cette sage conduite, que n'imitent pas assez certaines personnes, quoique souvent ces entrevues prématurées aient des suites fâcheuses.

Louise était bien différente de tant de jeunes filles qui soupirent après le mariage pour ne plus vivre que selon leurs caprices : après son mariage, elle fut toujours aussi docile envers ses parents, et aussi laborieuse. Quant à ses exercices de piété, loin de trouver dans ses occupations nouvelles un prétexte pour les abandonner, elle s'appliqua, au contraire, à y être plus fidèle que jamais, sentant qu'elle avait besoin de grâces encore plus grandes qu'auparavant pour bien remplir les devoirs de l'état où elle venait d'entrer.

Elle entretenait partout chez elle l'ordre et la propreté ; tout se trouvait prêt à l'heure et de la manière voulue : de plus, elle savait si bien profiter de tous les moments, qu'il lui en restait pour faire de bonnes œuvres. Deux ou trois fois la se-semaine, elle allait avec Geneviève porter des secours à des malades pauvres ; elle leur prodiguait les soins les plus multipliés, mais avec le consentement d'Antoine, quant à ce qui provenait de lui. Elle était si économe et si laborieuse, ses vêtements étaient d'étoffes si ordinaires, qu'elle ne dépensait guère plus, y compris même ses œuvres de charité, que la femme la plus pauvre du village.

Pendant les maladies de ses parents, elle fut d'un dévouement admirable ; lorsqu'elle vit sa mère en danger grave, elle se hâta de la préparer aux derniers sacrements, et évita ainsi, en s'y prenant de loin, de lui frapper le moral d'une manière funeste. Son père mourut dans une grange où le feu avait pris par suite d'une imprudence: le curé, qui était accouru, n'eut que le temps de lui adresser quelques paroles et de lui donner l'absolution.

Louise eut quatre enfants ; dès l'âge le plus tendre, elle leur inspira la crainte de Dieu, l'amour de la vertu et l'horreur du péché ; elle était surtout de la plus grande exactitude pour écarter d'eux tout ce qui eût pu ternir l'éclat de leur innocence. Elle évitait de leur aigrir le caractère par des gronderies trop multipliées, et par là irritantes. Beaucoup de parents commettent cette faute et y en ajoutent deux autres, d'abord celle de les corriger sans sujet, ou pour des bagatelles, ce qui leur fait contracter peu à peu un caractère maussade, hargneux, acariâtre, sans parler d'une sorte d'irritation et d'antipathie que ces injustices leur inspirent envers les parents, tandis qu'ils les aimeraient, s'ils ne les voyaient pas continuellement acharnés à les harceler, et s'ils se bornaient à les reprendre seulement lorsqu'ils dépassent trop les bornes et lorsque leurs torts sont d'une évidence indiscutable. L'autre défaut, dans lequel donnent tête baissée un grand nombre de parents à l'égard des enfants, est l'opposé du précédent ; il consiste à ne leur rien dire pour des fautes réelles, notables, et que les enfants eux-mêmes savent être inexcusables. Ils en font ainsi ce qu'on appelle des enfants gâtés, ce qui produit des résultats encore plus fâcheux que l'autre excès dont nous venons de parler, soit à l'égard des parents, soit surtout à l'égard des enfants.

Après avoir souffert avec une invincible patience de la part d'Antoine toutes sortes de mauvais traitements, même des voies de fait auxquelles Louise n'avait pourtant point donné lieu, elle eut le chagrin de se voir à demi-ruinée par les visites de plus en plus fréquentes et de plus en plus prolongées qu'il faisait au cabaret, ce fléau ruineur et démoralisateur des classes ouvrières. Il alla jusqu'à vendre tout ce qui lui restait de blé et de légumes ; on vit même s'en aller l'un après l'autre tous les meubles de la maison, malgré les supplications de sa pauvre femme.

Quand il n'eut plus de quoi s'enivrer, Antoin
fut moins déraisonnable ; il finit même par ad
mirer Louise ; elle obtint de lui d'abord qu'i
ferait une neuvaine à celle qui est, après J.-C.
le refuge des pécheurs, ensuite qu'il assiste-
rait aux sermons d'une mission qui allait com-
mencer à Marolles, village voisin d'Ormoy. Il y
acheva sa conversion et répara par une vie chrétienne les scandales qu'il avait donnés : deux an
après, il succomba aux suites d'un refroidisse-
ment, et fit une mort des plus édifiantes.

Deux de ses enfants étaient morts avant lui ; sa
veuve établit convenablement les deux autres,
dont elle avait fait des chrétiens modèles. Ils lui
furent redevables d'avoir su éviter l'imprudence
si ordinaire de s'attacher aveuglément à des personnes pleines de défauts, et de les épouser sans
avoir pris le temps de les connaître, ce qui fait le
malheur du reste de la vie.

Après avoir amassé un riche trésor de mérites
pour le ciel, Louise mourut le 19 juillet 1746, à
l'âge de 64 ans : sa mort fut un deuil général pour
le village d'Ormoy, dont elle était depuis longtemps le conseil et la bienfaitrice.

O ma sœur, vivons chrétiennement ; un jour il
ne nous restera plus que cela pour toute l'éternité.

FIN

LA MÊME LIBRAIRIE, **20 FR. AU LIEU DE 26**

THÉORIE DU SYMBOLISME RELIGIEUX

chez les Anciens et les Modernes

volumes in-8, par l'abbé AUBER

de Poitiers, Historiographe du diocèse, grand nombre de Sociétés savantes,
et de plusieurs autres publications.

La science et d'érudition dans ce
livre est incroyable. La seule table
des quatre volumes forme 177 pages.
Dans ce précieux ouvrage, on se trouve
des explications archéologiques et
il est extrêmement utile aux Archi-
téologiens, et à tous ceux qui ont à
étudier les religieux.

publiées jusqu'ici en 32-p. in-8 chacune,
à 25 cent l'une, de

FOND LITURGIQUE

au Clergé, et composé de LETTRES
d'Archiprêtres, de Doyens, de
Curés, sur les détails de la réforme,
travail qui avait été brdonné par
Trente sur les instances du Clergé
comme le rappelle D. GUÉRANGER,
le 13 février 1870, travail qu'il
a ébauché par la Commission de
que Benoît XIV avait repris, et que
empêché de terminer.

Portraits d'Évêques Français

GRAVÉS

ÉDITÉS PAR LA SOCIÉTÉ

... magnifique papier ...

... gravés de main de maître ...
... eux de Nosseigneurs BROSSAY ...
... d'Arles; ... DARBOY ...
... de Fréjus; ... de La Rochelle
... d'Évreux; PALLU au Tonkin ...
... en de Poitiers; ... de ...
... Marquis de Tripoli; ... ...

EN VENTE

chez Auguste GIHO, ... Galerie d'Orléans

... SUR L'ORGANISA...

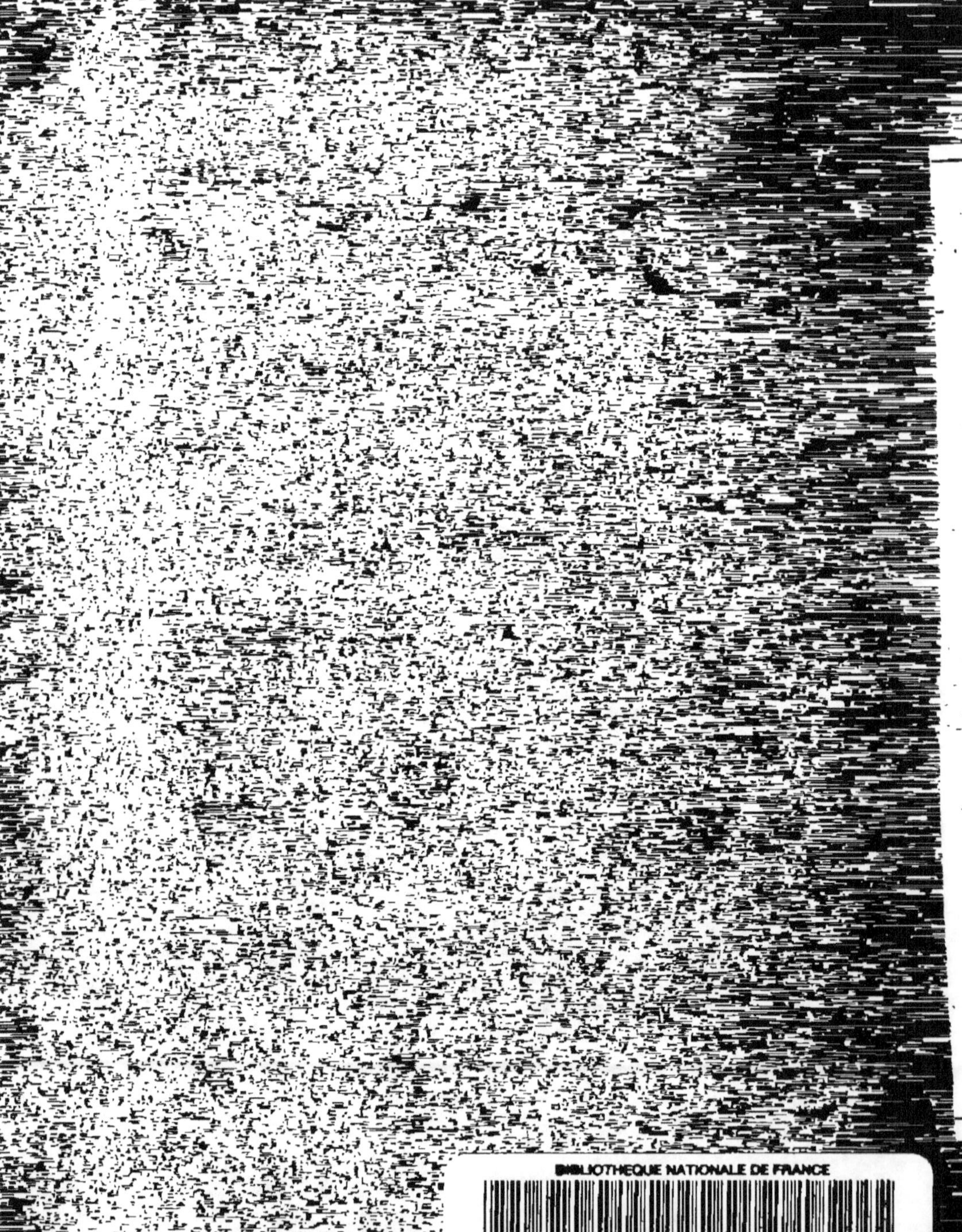